Leyendas mexicanas

Colección *Entre dos mundos*
Lectura fácil

María Rosa Solsona

Leyendas mexicanas

Ilustrado por Rene Almanza

EDITORIAL
SIRPUS

Siempre tengo la imagen de mi padre
con un libro en las manos

FICHA CATALOGRÁFICA

SOLSONA, María Rosa
Leyendas mexicanas / María Rosa Solsona ;
ilustrado por Rene Almanza
Barcelona : Sirpus, 2006
112 p.; 21 cm. _ (Entre dos mundos, Lectura fácil)

ISBN 84-89902-88-7
1. Mitología y leyendas-México
I. SOLSONA, María Rosa. II. Almanza, Rene, il.
III. Título. IV. Entre dos mundos. Lectura Fácil
398.22(72) Sol

Diseño de la cubierta: Xavi Xargay

Ilustraciones Rene Almanza

Editorial Sirpus S.L.
Milanesado, 1, 1º 3ª - 08017 Barcelona
Tel. +34 93 206 37 72
Fax +34 93 252 06 50
info@sirpus.com
www.sirpus.com

Adaptación para lectura fácil: Eugenia Salvador

LF Esta obra sigue las directrices internacionales de la IFLA
(International Federation of Libraries Associations and Institutions)
para la elaboración de materiales de lectura fácil dirigida a personas
con dificultades lectoras.

Primera edición: marzo 2006
ISBN: 84-89902-88-7
Depósito legal: B-6259-2006
Maquetación: Barreras & Creixell. Barcelona.
Impresión: Futurgrafic. Molins de Rei. Barcelona
Impreso en España

Índice

Introducción

México es un país situado en América del Norte.
Su nombre, en lengua náhuatl,
el idioma que hablaban los aztecas,
significa «ombligo de la luna».
México es también el nombre de la capital del país.

Para sus antiguos habitantes,
el sol y la luna eran dioses.
En México vivieron muchos pueblos: los olmecas,
los toltecas y los mayas entre otros.
Algunos de ellos, como los aztecas,
fundaron un imperio,
es decir, dominaron a otros muchos pueblos
y grandes territorios.

Los aztecas eran guerreros,
pero también sabían construir inmensos edificios,
canales y carreteras. A sus mercados llegaba gente
de lugares muy lejanos para intercambiar alimentos
y toda clase de objetos.

Estudiaban el movimiento del sol y de los planetas.

En 1518 llegaron los españoles
que dirigidos por Hernán Cortés,
les vencieron y destruyeron su imperio.

Conocemos leyendas aztecas que nos permiten
saber cómo pensaban y sentían
los antiguos habitantes de aquellas tierras.
Las leyendas son historias donde la realidad
y la fantasía se mezclan.
Narran hechos muy lejanos y nos permiten saber
cómo imaginaban a sus dioses,
cómo eran las ciudades
y cuáles eran los sueños
y los temores de aquella gente
que vivió en México hace tantísimo tiempo.

En este libro encontrarán leyendas anteriores
y posteriores a la llegada de los españoles.
Las primeras se llaman *leyendas prehispánicas*,
y las segundas, *leyendas coloniales*.

Mapa de Mexico

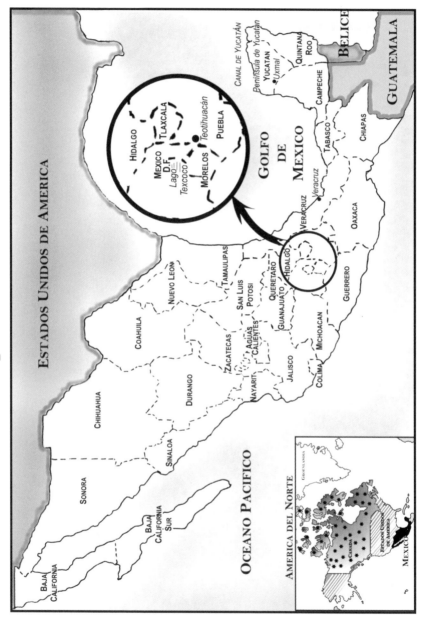

LEYENDAS PREHISPÁNICAS

El llanto de la diosa

Hace muchos años, gobernaba en México
Moctezuma, un emperador azteca.
Vivía en un palacio maravilloso,
situado en las montañas,
adornado de oro y piedras preciosas.

Pero los sacerdotes de su imperio
estaban intranquilos.
Ellos sabían leer el movimiento de las estrellas
y podían escuchar sonidos que nadie más podía oír.
Y lo que veían en el cielo y escuchaban en la selva
les atemorizaba.
Pensaban que algo malo sucedería a su pueblo.

Una noche, cuatro de ellos se reunieron
cerca del lago de Texcoco,
donde estaba el templo en el que oraban
a los dioses.
La luna llena brillaba en el cielo oscuro.
Los patos volaban en silencio sobre las aguas.
Todo estaba en calma.
De pronto, el grito terrible de una mujer los asustó.
Se pusieron a temblar.
El gritó creció sobre el lago, subió a los montes,
y llegó hasta el palacio.

—Es nuestra diosa, Cihuacóatl
—dijo el sacerdote más viejo.

—La diosa ha salido del lago para avisarnos de algo
—agregó otro.

—Si, —respondió el anciano—
este grito de dolor de nuestra diosa
indica que nos amenaza un gran peligro.

Miraron hacia el templo y allí la vieron.
El vestido de la diosa era blanco,
y se movía con suavidad al soplo de la brisa.
Parecía hecho con la luz de la luna.
Sus cabellos eran largos y negros
y su hermoso rostro estaba mojado por las lágrimas.

—Amados hijos míos —les dijo—
muy pronto vuestro imperio será destruido.
¿A dónde iréis, hijos míos...?
¿A dónde os podría llevar para salvaros?

Luego se alejó llorando.
Los sacerdotes recordaron que en el templo
había unas palabras escritas por hombres sabios,
que habían vivido mucho antes que ellos,
y que confirmaban lo que decía la diosa.
Ellos no las habían creído antes.

Entonces decidieron ir a ver al emperador
Moctezuma para explicarle lo sucedido.

Les recibió en su gran palacio,
sentado en su gran trono hecho con
maderas nobles, oro y esmeraldas.

—Señor —le dijeron— los escritos más antiguos
avisaban que la diosa Cihuacóatl aparecería
para anunciar la destrucción de vuestro imperio.
Y la diosa ya ha hablado.

—¿Quién podría destruir mi imperio?
—preguntó Moctezuma—. Nadie es tan fuerte.

—Llegarán unos hombres extraños,
venidos de muy lejos,
que os vencerán a ti y a tu pueblo.
Nos matarán a todos, destruirán nuestros templos
y otros dioses, más poderosos,
ocuparán el lugar de los nuestros.

—Huitzilopochtli y Tezcatlipoca
son nuestros dioses de la guerra y de la sangre.
Nos han favorecido siempre.
¿Cómo podéis decir, vosotros, sacerdotes,
que otros dioses los vencerán?
—preguntó Moctezuma,
que no creía lo que sus sacerdotes le decían.

—Así lo han escrito los sabios y los sacerdotes
más viejos que nosotros, Señor.

Por eso la diosa Cihuacóatl llora y grita,
para avisarnos de que está a punto de ocurrir
la desgracia que estaba anunciada.

Moctezuma permaneció en silencio.
Estaba muy pálido. Pero pensó en su ejército,
al que nadie había derrotado.
No hizo demasiado caso de sus sacerdotes.
Éstos se retiraron, también en silencio.
Ellos sabían que era cierto lo que otros sacerdotes,
más sabios y más viejos, habían escrito.

Y cada noche de luna llena,
la diosa continuó llorando y gritando,
hasta que ocurrió lo que estaba escrito:
unos hombres extranjeros llegaron
y lo destruyeron todo.
Mataron a tantos, que la sangre empapó la tierra.
Aquellos extranjeros eran los hombres blancos,
venidos de otro continente.

Quetzalcóatl

Los indios toltecas vivían en un lugar llamado Tula,
cerca de la actual ciudad de México.
Eran muy buenos arquitectos y ceramistas,
tejían mantas de bellos dibujos,
labraban la plata y tallaban piedras preciosas.

Cuenta una leyenda que todas estas artes
las habían aprendido de Quetzalcóatl, su rey-dios.
Quetzalcóatl era alto, rubio
y tenía la barba muy larga.
Pero sobre todo era bueno, justo e inteligente.

Decían que había nacido en un sitio misterioso,
en el lugar donde se forman las nubes
y las tormentas.
Era muy feliz en Tula, donde todos le amaban.
Deseaba la paz y construir ciudades.

Los indios toltecas habían tenido otros dioses,
y para complacerles debían matar.
A Quetzalcóatl le gustaba que perfumaran
los templos con plantas y resinas.
No quería muertes en su templo.
Les enseñó a construir palacios y jardines,
el nombre de las estrellas,
y muchas de las cosas que él sabía.
Todo el mundo admiraba y quería a Quetzalcóatl.

Pero alguien lo odiaba: Tezcatlipoca,
el dios de la guerra,
que se alimentaba de sangre humana.
Él no quería perfumes ni flores en los templos,
sino que sacrificaran a personas en su honor.
Y envidiaba a Quetzalcóatl.

Un día bajó de los cielos,
deslizándose por un finísimo hilo de araña.
Estaba dispuesto a ocupar el lugar de Quetzalcóatl
y a expulsarle de Tula.
Se disfrazó de sacerdote
y se presentó ante el rey-dios.
Le llevaba como obsequio una lujosa copa
que contenía un licor exquisito.

—Señor —le dijo— te he traído este licor
desde tierras lejanas. Te hará inmortal
y así podrás estar siempre entre nosotros.

Quetzalcóatl, acostumbrado al amor de los suyos,
no desconfió.
Bebió el licor que le ofrecía
el malvado Tezcatlipoca,
y al instante enloqueció.
Mandó traer a su hermana y la obligó a ser su mujer.
Mientras duró su locura,
dejó de cumplir los **ritos** religiosos.

Tiempo después, cuando el efecto del licor pasó,
se sintió muy avergonzado.
Luego de mucho meditar, pensó que debía morir
como castigo por lo que había hecho.

Pidió a su gente que lo llevara junto al mar.
Allí hizo encender una gran hoguera.

Vistió un traje adornado
con las plumas de un pájaro
llamado quetzal, se colocó una máscara
que representaba a una serpiente,
y se arrojó al fuego.
Sus cenizas volaron como pájaros.
Al caer la noche,
una nueva estrella brillaba en el cielo.
Era el corazón de Quetzalcóatl.

El nacimiento de los cerdos

Hace miles de años,
tantos que aún no había hombres
sobre la Tierra, todo era nuevo.
Los colores se veían brillantes,
el aire estaba limpio
y el agua muy pura...
En el cielo vivían soles que conversaban entre ellos.
Les gustaba bajar a la Tierra
y contemplar los grandes árboles
y las flores de colores.

Un día, un sol viejo le dijo a otro joven:
—Bajemos a la tierra. En un árbol muy alto
he visto un delicioso panal de miel.
—Me gusta muchísimo la miel
—respondió el sol joven—
pero me lastimé una pierna
mientras jugaba con la luna
y no podré trepar al árbol.
—No te preocupes —contestó el sol viejo—
yo subiré.

Los dos soles bajaron a la Tierra
y fueron hasta el árbol.
—Cuando llegue a lo alto del árbol
—dijo el sol viejo mientras trepaba—
te arrojaré parte del panal.
Pero era muy goloso y comenzó a comer y comer.

No podía parar.
¡Qué buena era la miel y qué suave su perfume!

El sol joven estaba cansado de esperar.
—Dame mi parte —le dijo.
—Ahí va —contestó el sol viejo
desde lo alto del árbol.
Y le arrojó un trozo de panal
que no tenía nada de miel.
El sol viejo se había comido hasta la última gota.

—Me estás engañando
—gritó el sol joven enojado—
esto es sólo la cera del panal,
no contiene nada de miel.
—Es todo lo que hay —mintió el sol viejo,
que no quería compartir la miel.

El sol joven se sentó junto al árbol muy enfadado
y comenzó a amasar aquella cera.
Era blanda y podía darle forma muy fácilmente.
Hizo varias figuras de animales,
y las puso alrededor del árbol.

Al cabo de un rato, los animalitos de cera
empezaron a moverse.
Tenían vida. Comenzaron a sacudir el árbol
y a romper sus raíces.
Pero el sol viejo no se daba cuenta.

—Me has querido engañar —dijo el sol joven.
—Ahora tendrás lo que mereces.
Y se marchó dejándolo solo.

El sol viejo se dio cuenta de que el árbol se movía.
—¡El árbol se está rompiendo!
—gritó muy asustado.
Pero ya no tuvo tiempo de bajar.
El gran árbol cayó de golpe al suelo,
aplastando a los animalitos de cera.

Al chocar contra la tierra,
el sol viejo se rompió y desapareció.
En su lugar quedó una gran mancha amarilla
que cubrió a los animalitos
aplastados por las ramas.
Pero volvieron a vivir,
y empezaron a correr y a saltar.

Así fue como se formaron los primeros cerdos,
nacidos de la cera del panal y del sol viejo.
Dice la gente sabia que su carne es tan deliciosa
porque está hecha con el sol que se comió la miel.

Leyenda del chocolate

En tiempos antiguos,
cuando los dioses crearon a los hombres,
existía el Jardín de la vida.
En él, los dioses vivían
rodeados de grandes riquezas.
Las mazorcas de maíz eran gruesas
como el tronco de un árbol.
El algodón brotaba teñido de colores.
El agua era siempre dulce y buena para beber.
No existían enfermedades.

Allí vivía Quetzalcóatl, el dios bondadoso.
Quetzalcóatl cuidaba el jardín
y plantaba en él árboles y flores.
Sabía leer lo que está escrito en las estrellas
y podía hablar con los pájaros.
Pero tenía un enemigo,
Tezcatlipoca, el dios de la guerra.
Este dios malvado lo venció
y lo expulsó del Jardín de la vida.
Quetzalcóatl se fue a vivir entre los hombres
para enseñarles todo lo que sabía.
Vivió muchos años entre ellos.
Quería que fuesen felices y sabios.

Una noche leyó en las estrellas que debía partir
y quiso dejar a los hombres
un regalo muy importante.
Pero no sabía cuál escoger.

Cerca de donde vivía Quetzalcóatl
vivía también un guerrero muy valiente.
casado con una bella muchacha.
Los dos se amaban.

El tuvo que irse a la guerra,
pero antes de partir le dijo:
—Querida esposa, sé donde hay un tesoro.
Sólo yo conozco el lugar.

—No me interesan los tesoros —respondió ella—
porque tú eres lo que amo. No quiero nada más.
—Debes escucharme con atención —dijo él—.
Con este tesoro en nuestro pueblo
no habrá pobreza.
Te diré donde está escondido,
pero nadie debe saberlo,
porque podrían robarlo.

Cuando el guerrero se fue,
sus enemigos fueron a buscar a su esposa.
Se habían enterado de que existía el tesoro,
y querían que ella les indicara dónde se hallaba.
Le pegaron y la maltrataron,
pero ella se negó a hablar.
Entonces la mataron.

La sangre de sus heridas se mezcló con la tierra
y de ella nació el árbol del cacao.
En su fruto estaban las semillas,
amargas por el sufrimiento,
pero fuertes como la muchacha.

Quetzalcóatl decidió recompensar a su pueblo
regalándole aquel árbol, que daría valor y poderes
a quienes comieran sus frutos.
El pueblo llamó al árbol: alimento de los dioses,
y aprendió a fabricar con sus semillas una bebida
a la que llamaron Xocolatl.

Así, Quetzalcóatl cumplió su deseo
de regalar algo bueno a los hombres antes de partir.

La Xtabay

Al este de México, está la península del Yucatán.
Antiguamente era parte
del gran imperio de los mayas.
Los mayas construyeron grandes ciudades
y monumentos inmensos.
Tenían muchos conocimientos.

Cuentan los más viejos,
que en la ciudad maya de Uxmal,
vivían dos mujeres.
Una era bellísima,
pero se entregaba a todos los hombres
de los que se enamoraba.
Por eso las gentes del pueblo la despreciaban.
La llamaban la Xkeban,
que quiere decir la pecadora, la mala mujer,
aunque su verdadero nombre era Xtabay.
Todos hablaban mal ella.

Pero la Xkeban era muy compasiva.
Socorría a los mendigos y curaba a los enfermos.
Cuidaba a los animales y era amable y cariñosa.
Regalaba a los pobres las joyas
que le regalaban sus enamorados.
Sufría en silencio el desprecio de la gente.

A la otra mujer la llamaban Utz-Colel,
que significa mujer pura, buena.

También era bella,
pero jamás se había entregado a ningún hombre.
Se ocupaba de limpiar su casa todo el tiempo.
Le daban asco los enfermos
y no quería que ningún pobre se le acercase.
Su carácter era duro y rígido.
Todos le parecían inferiores a ella
y siempre daba consejos
de cómo había que comportarse.

Sucedió que durante muchos días,
nadie vio aparecer a la Xkeban.
—Mejor —decían algunos—. Ojalá se haya ido.

Pero un perfume se extendió por todo el pueblo,
como si fuera una nube.
Fueron buscando de donde salía
y llegaron hasta la casa de la Xkeban.
Allí la encontraron muerta.
El perfume que desprendía su cuerpo era exquisito.
Unos animales cuidaban el cadáver,
lamiéndole las manos.

Cuando la Utz-Colel se enteró de la noticia dijo:
—Es imposible que el cuerpo
de aquella mujer pecadora desprenda perfume.
Pero pudo comprobar que así era.

—Esto —exclamó— es cosa de los malos espíritus.
Si el cadáver de esta mujer mala huele así,
el mío olerá mejor.

Y se fue sin decir nada más.

Al entierro de la Xkeban sólo fueron los mendigos,
los pobres y aquellos a quienes había curado.
La nube de perfume la siguió hasta el cementerio.
Al día siguiente,
la tumba apareció cubierta de flores silvestres.

Poco tiempo después murió la Utz-Colel.
Su cadáver desprendía un olor insoportable,
como de carne podrida.
Los vecinos pensaron que era culpa
de algún espíritu malo.
Pusieron flores en su tumba,
pero al amanecer todas se habían marchitado.

La Xkeban se convirtió en una flor sencilla
y perfumada, llamada xtabentún.
Su jugo era dulce como había sido su amor.
Utz-Colel se convirtió en la flor de Tzacam,
la flor de un cactus lleno de espinas.
Esta flor, hermosa pero con olor desagradable,
casi no podía tocarse porque las púas del cactus
lastimaban los dedos.

Convertida en flor,
la Utz-Colel seguía envidiando a la Xkeban.
—Si se ha convertido en una flor perfumada
—pensaba— es porque
se entregaba a los hombres.
Yo también lo conseguiré.

Y llamó a los malos espíritus.
—Dejadme que me convierta otra vez en mujer
para enamorar a los hombres —les pidió.
Y éstos se lo permitieron riendo.
Sabían que el amor que ofrecería Utz-Colel
nunca sería como el de la Xkeban,
porque su corazón era seco y duro.

Utz-Colel regresó convertida en mujer,
y desde entonces, espera a los hombres
peinando sus largos cabellos
con las púas del cactus.
Los atrae para matarlos, porque nunca
aprendió a amar.

Nacimiento del sol y la luna

Cuenta una antigua leyenda que,
después de crear la Tierra,
los dioses pensaron que era un lugar muy oscuro.
Sin luz, las plantas no podían crecer,
ni los animales vivir.
Los dioses se reunieron alrededor de una hoguera,
en un lugar llamado Teotihuacan,
para decidir qué debían hacer.

—Crearemos un sol para que ilumine la tierra
—dijeron. Pero para crearlo,
es necesario que uno de nosotros
se arroje a la hoguera.

Todos encontraban alguna excusa para no hacerlo.
Después de discutir, designaron a Nanahuatzin,
un dios joven, para que se lanzara al fuego.
Era un dios feo y muy pobre.

—Es un honor que me hayan elegido
—dijo el dios joven—.
Otro dios se ofreció a acompañarle a la hoguera
para dar más luz.
Se llamaba Tecuciztécatl.
Era el dios de las playas y de las mareas.
Los dos se encerraron cuatro días sin comer
y se lavaron con agua sagrada
preparándose para la ceremonia.
Luego encendieron un fuego.

El dios Tecuciztécatl arrojó al fuego cosas valiosas:
pelotas de oro, plumas de pájaros, piedras preciosas
y espinas de coral colorado.
Nanahuatzin sólo tenía ramos de cañas,
y espinas que teñía con su propia sangre.

Después, cada uno se vistió con sus mejores trajes:
Tecuciztécatl con una espléndida capa
y plumas de colores.
Nanahuatzin sólo llevaba capa y adornos de papel.

Todos los dioses se reunieron
en torno a un gran fuego
y le dijeron a Tecuciztécatl:
—¡Vamos, adelante, lánzate tú primero!

Pero al acercarse a aquellas llamas tan grandes,
tuvo mucho miedo y se echó hacia atrás.
Lo intentó varias veces, pero siempre retrocedía.
Los dioses dijeron entonces:
—¡Prueba tú, Nanahuatzin!

El joven dios cerró los ojos y se lanzó a la hoguera.
Al verle arder, Tecuciztécatl se sintió avergonzado,
y finalmente él también se echó al fuego.

Al cabo de mucho rato
el cielo negro comenzó a teñirse
de un suave color rosa, cada vez más intenso.

Había nacido la luz del alba y era tan bella
que los dioses no se cansaban de mirarla.

Nanahuatzin, convertido ya en sol,
se volvía cada vez más grande.
Brillaba tanto que al mirarlo dañaba los ojos.
Los rayos del sol iluminaron la Tierra
y las plantas pudieron crecer.
Después nacieron los animales y los hombres.

Tras el sol salió Tecuciztécatl convertido en luna.
Habían salido en el mismo orden
en el que entraron en el fuego.

Pasó el tiempo, y los hombres y los demás dioses
construyeron unas enormes pirámides
y las dedicaron a los que se habían sacrificado
para dar luz a la tierra.
Estas pirámides aún existen en la ciudad
de Teotihuacan.

Las flores blancas

En tiempos muy antiguos, en una región de México
vivían dos reyes muy poderosos.
Uno se llamaba Cosijoeza, y era el rey de los
zapotecas, un pueblo muy valiente.
Los zapotecas eran temidos
pues fabricaban flechas envenenadas
para defenderse.
Cosijoeza era joven y por eso sin experiencia.
Pero era el más inteligente del reino.
Hasta los ancianos admiraban su buen juicio.

El otro era Ahuizotl, rey de los aztecas,
valiente y cruel.
Tenían un poderoso ejército
que se había enfrentado
y vencido a muchos otros pueblos.
Ahora deseaban vencer a los zapotecas
para apoderarse de un árbol maravilloso
que tenía Cosijoeza.

—Señor —le dijeron a su rey—
debemos invadir a los zapotecas
y conseguir su árbol maravilloso.
—¿Qué árbol es ese? —preguntó Ahuizotl.
—Es un árbol de flores blancas y olorosas.
Su aroma perfuma toda la ciudad
y agrada a los dioses.
Cuando los pétalos de las flores caen,
adornan las calles como una alfombra delicada.

Ahuizotl, deseó con fuerza tener ese árbol
en su ciudad.
Organizó el ataque y ordenó a sus soldados
que lo destruyeran todo.

Cosijoeza se enteró de que iban a atacarles.
Sabía que su ejército era menos poderoso
que el de sus enemigos y que le vencerían.
Reunió a sus guerreros y les dijo:
—Sólo podremos vencer a los aztecas
si conseguimos engañarles.

Y pensaron un plan. Enviaron un mensajero
al ejército enemigo que les hizo creer
que los zapotecas no tenían armas para defenderse,
ni estaban preparados para resistir un ataque.

El ejército azteca avanzó confiado,
seguro de que vencería fácilmente a los zapotecas.
Pero, escondidos en lo alto de un monte,
éstos les esperaban, dispuestos a disparar
sus flechas envenenadas.
Cuando les tuvieron lo bastante cerca,
empezaron a disparar sin descanso
y consiguieron derrotarles.

Ahuizotl se enfureció cuando supo lo sucedido.
Quería el árbol y quedarse
con las tierras de los zapotecas.

Entonces ideó otro plan.

Hizo venir a la más hermosa de sus hijas y le dijo:

—Hija mía, debo encargarte algo muy difícil.

—Haré lo que me digas, padre.

—Quiero conquistar el reino de los zapotecas
y conseguir su árbol de flores blancas.
Y tú puedes ayudarme.

La hija se sintió feliz
de que su padre confiara en ella.
Estaba dispuesta a todo para complacerle.

Le hicieron hermosos vestidos
y la adornaron con las mejores joyas.
Así vestida la llevaron hasta un bosque
en el que había un pequeño lago.
Sabían que Cosijoeza siempre paseaba por allí.
Cuando vio a la princesa, pensó que era una diosa.

—¿Quién eres? —le preguntó— ¿Estás perdida?
¿Acaso has caído del cielo?
—No señor. Sólo soy una muchacha sola y triste.
—¿Cómo puedes estar sola siendo tan bella?
Pídeme lo que desees.
—Me gustaría estar un rato contigo
—contestó la princesa bajando los ojos.

Cosijoeza se enamoró muy pronto de ella.
Conversaron largo rato,
hasta que la joven le dijo que debía marcharse.

—No por favor, no te vayas —rogó él—.
Quiero casarme contigo.
—Eso no podrá ser, ya que mi padre es Ahuizotl,
rey de los aztecas.

El joven rey quedó asombrado.
Pero el amor no le dejaba pensar.
—Vuelve a tu ciudad, princesa —le dijo—.
Enviaré a mis hombres a pedir permiso a tu padre
para casarme contigo.

Cuando su hija le contó las intenciones de Cosijoeza,
el rey Ahuizotl se puso muy contento.
Todo ocurría como él había planeado.

—Hija mía, ahora debes casarte con Cosijoeza.
Sé que no deseas hacerlo, pero debes conseguir
que te cuente sus secretos.
Así podremos vencerle. Luego volverás conmigo.
—Si padre —contestó ella— confía en mí.

La boda fue magnífica.
Cosijoeza se sentía feliz.
Le contaba todos sus secretos a su esposa.
Ella informaba a su padre:
dónde estaban las entradas al reino,
cuántos guerreros tenían,
dónde era preferible atacar.
Sólo le faltaba averiguar cómo fabricaban
las flechas envenenadas.

Pero un día pensó:
—Mi marido es tan bueno, me ama tanto,
que no se merece que yo haga esto.

Y empezó a llorar, porque comprendió
que se había enamorado de Cosijoeza.
Adornó su larga cabellera
con las perfumadas flores blancas
y se presentó ante él.

Muy arrepentida le contó lo que había hecho,
obedeciendo a su padre.

Cosijoeza pudo así defenderse
del ataque de los aztecas.
Los zapotecas se salvaron de la destrucción.

El enano de Uxmal

En la ciudad de Uxmal, en el imperio maya,
vivía una vieja **hechicera**.
Deseaba tener un hijo.
Para lograrlo envolvió un huevo
con sus propias ropas,
le dijo unas palabras mágicas
y lo enterró en su casa, bajo tierra.
Al poco tiempo salió del huevo
un niño muy pequeño.
Sabía hablar y andar como los adultos.
La hechicera estaba tan feliz
que no le importó que, a los cinco meses,
el niño dejase de crecer.
Pasó el tiempo y el enano de Uxmal,
como todos le llamaban,
era tan sabio que asombraba a todo el mundo.

Un día quiso descubrir un secreto
que guardaba una vieja y malvada hechicera.
Esperó a que la mujer saliera de su casa y entró.
Encontró un cascabel de plata.
Entonces recordó algo
que le habían dicho en el pueblo.
Quien lograse sacar del cascabel
su sonido encerrado,
sería el nuevo rey de Uxmal.
Se alejó rápidamente de casa de la bruja
y cuando estuvo lejos, lo hizo sonar.

El rey escuchó el sonido
y ordenó a sus soldados
que trajesen al que había descubierto el secreto.
No estaba dispuesto a cederle su trono.
Le obligaría a pasar unas pruebas
de las que no saldría vivo.
Cuando tuvo al enano delante, le dijo:
—Haremos traer cuatro canastas de cocos.
Mañana mis soldados nos los arrojarán a la cabeza
y el que salga vivo, reinará.

El enano estuvo de acuerdo.
Al día siguiente el rey ordenó:
—Yo soy el rey, por lo tanto,
arrojen primero los cocos al enano.

Pero la madre de éste había colocado
bajo su cabellera un casco invisible y así se salvó.
El rey, al primer golpe sobre su propia cabeza,
suspendió la prueba y le dijo que exigía otra.

El enano tenía que leer y comprender
unas palabras muy antiguas, grabadas sobre piedra.
El enano tenía tantos conocimientos
que superó la prueba.
El rey, muy triste,
supo que debía entregarle su trono.
Y así lo hizo.

Ya como rey, el enano
se hizo construir un gran palacio.
Cuando su madre, la buena hechicera murió,
hizo levantar una estatua en su honor.

Pero la bruja a la que había robado
el cascabel, vivía.
Se ocultaba debajo de la tierra
y se alimentaba de niños
que compartía con una serpiente.
Envió al enano vinos y licores.
Este comenzó a beber cada vez más
y cuando bebía realizaba malas acciones.
Terminó queriendo convertirse en dios
y los dioses se enojaron por ello.

Amasó un trozo de barro
al que le dio forma de hombre
y le dio vida soplando en su boca.
Luego lo arrojó al fuego.
El barro se fortaleció con el fuego
y de él salió un ser que podía hablar.

El enano dijo a su pueblo:
—Este es un dios mejor que todos los dioses.

La gente comenzó a adorarlo.
Lo llamaban el dios de barro.
Los dioses no soportaron este atrevimiento.
Mandaron bajar del cielo a sus guerreros
y destruyeron la ciudad de Uxmal
y a todos sus habitantes.

LEYENDAS COLONIALES

La llorona

Desde hace muchos años,
una mujer vestida de blanco
recorre las calles de la ciudad de México.
Cuando el reloj de la catedral
toca las doce de la noche,
aparece gimiendo y gritando de un modo aterrador.
Una leyenda cuenta el origen de su eterno dolor.

Era a finales del siglo XVI. En una humilde casita
vivía una joven muy bella. Se llamaba Luisa.
Era muy pobre, pero tan buena y hermosa
que tenía muchos enamorados.

Todas las noches se acercaban a la casa de la joven
para intentar hablar con ella.

Muchas veces peleaban entre ellos
y cuando llegaban los guardias para separarlos
ya los encontraban muertos.

Pero Luisa jamás abría la puerta
o la ventana a ninguno.
En las noches sin luna, cuando nadie podía verla,
salía de su casa y se reunía con un hombre
que la esperaba en la oscuridad.

Una mañana, los vecinos vieron
que las puertas de la casa estaban abiertas
y que la muchacha había desaparecido.
Todos quedaron muy extrañados.
—¿Dónde estará Luisa?
Se la habrá llevado alguien? —se preguntaban.

Pero estaban convencidos de que, al fin,
algún hombre había conseguido que Luisa lo amase.
Y así era.
Nuño de los Montes Claros, un hombre noble
y muy rico se la había llevado a vivir con él,
a una de sus casas.

Pasó el tiempo. Tuvieron tres hijos
y Luisa era muy feliz.

Pero la pasión de Nuño por ella iba disminuyendo.
Se olvidaba de visitarla,
no era cariñoso como antes.
Luisa lo recibía sin ninguna queja,
para no enojarle y tratar de retenerlo.
Pero ni ella ni sus hijos lo consiguieron.

Fueron pasando los días y Nuño no volvió.
Luisa sentía una gran angustia.
Una noche de luna llena,
mientras acunaba al más pequeño de sus hijos,
llorando, decidió ir a averiguar qué ocurría.
Arropó cariñosamente al pequeño en la cuna,
se envolvió en un mantón y salió de su casa.
Caminó largo rato por las calles,
perfumadas por las flores del verano.

Llegó hasta el palacio de Nuño.
De los balcones abiertos salía una música alegre.
Había una fiesta.
Las luces iluminaban el palacio
y se oía reír a la gente.

Pudo ver como comían deliciosos **manjares**
y bebían.
Una pareja se asomó al balcón.
Era Nuño con una bella mujer vestida de novia.
Conversaban cogidos de la mano,
y de pronto él la besó.

Luisa comprendió que acababan de casarse.
Él había elegido a una mujer noble
y a ella la había abandonado con sus tres hijos.

Se quedó mirándoles largo rato, sin poder moverse.
Era tanto su dolor,
que sentía como si se hubiera roto por dentro,
De pronto echó a correr.
Estaba loca de pena y ni siquiera podía llorar.
Sólo gritaba, como un animal apaleado.

Llegó a su casa y, sin darse cuenta de lo que hacía,
tomó un puñal y mató a sus tres hijos.
Manchada de sangre y gritando de espanto,
salió corriendo, sin saber a dónde iba.

La juzgaron y la condenaron a morir por su crimen.
Cuando llegó el día de la ejecución,
los vecinos salieron a la calle para verla pasar.
Estaban horrorizados por lo que había hecho.
Los que antes la amaban ahora la odiaban.

Luisa apareció despeinada, fea.
Nada quedaba de su antigua belleza.
Su piel pálida estaba cubierta de arañazos.
Al pasar frente a su casa,
dio un grito tremendo y cayó muerta.
Ese mismo día, Nuño,
el hombre que la había traicionado, murió también.

Desde entonces, al dar las doce de la noche,
el alma de Luisa vuelve a recorrer las calles,
desconsolada, llorando y gritando.
Es el alma de la llorona,
como todos la llaman ahora.
Muchos rezan por ella
para que Dios la perdone
y encuentre la paz.

El brujo y la vaca

Había una vez, en un pueblo mexicano,
una familia muy pobre.
Los padres, Paco y Amanda,
tenían que trabajar mucho
para dar de comer a sus dos hijos pequeños.
Pero no ganaban lo suficiente y pasaban hambre.
Paco estaba muy triste.

Finalmente tomó una decisión: iría al matadero
y compraría las tripas de las vacas.
Las vendían a un precio muy bajo.
Amanda cocinaba tan bien,
que conseguiría darles un buen sabor.

Un día fue a saludarlos su vecina María.
Al ver las **repugnantes** tripas de vaca les dijo:
—Esa comida la compráis en el matadero ¿verdad?
—Así es —respondió Amanda.
—Por favor no comáis eso.
No son tripas de animales sino de fantasmas,
de personas que han muerto.
—Pero ¡qué dices!
—exclamó Paco echándose a reír.
—Te aseguro que es verdad —le contestó María—.
El cura convierte a los muertos en animales,
porque es brujo.
—Es imposible que el cura sea brujo —contestó él—.
No es simpático,
pero no puedo creer que sea brujo.

—Te digo que es verdad Paco, que es verdad...
—insistió María.
Y se marchó moviendo la cabeza.

Al día siguiente la encontraron muerta.
Una mañana Paco se dirigió al matadero
a comprar su comida.
Un grupo de vacas pasó cerca de él.
Se sorprendió al oír
que las vacas hablaban como personas.

Una de ellas se le acercó llorando.
—¿Qué sucede? ¿Cómo es que lloras?
¿Puedes hablar? —le preguntó Paco.
—¿No me conoces? Soy María.
He muerto por haber contado
que el cura convierte a la gente en animales
y los vende en el matadero.
—¿Por qué hace eso el cura? —preguntó Paco,
asombrado y asustado.
—Para enriquecerse —respondió María.

Y le contó que el cura iba al cementerio
todas las noches. Se apoderaba de los muertos,
y los convertía en ganado,
gracias a un extraño poder que le daba el diablo.

Paco se lo contó todo a su esposa.
Ella creyó que la vaca decía la verdad.

Pero Paco no se convencía.
Fue a visitar al cura para preguntarle.

El cura lo recibió muy bien.
—Qué sorpresa Paco ¿a qué debo tu visita?
—¿Es verdad que convierte a los muertos en ganado?
—le preguntó el buen Paco
—Jajá jajá! ¿Quién ha dicho semejante tontería?
—Una vaca que habla y que dice ser María.
—¿Has comentado este disparate con alguien más?
—preguntó el cura.
—Sólo con mi mujer Amanda.
—Ve tranquilo a tu casa, hombre,
nada de eso es verdad —respondió el cura.

Cuando Paco le dio la espalda, el cura lo mató
y lo convirtió en toro.
Amanda esperó mucho tiempo
a que Paco regresase.
Pero los meses pasaban
y la gente comenzó a llamarla viuda.

Tenía que trabajar aún más que antes
para sobrevivir.
Realizaba los trabajos más duros
y tenía que pasar el tiempo fuera de casa.
Una vecina la ayudaba a cuidar sus hijos.

Una mañana en que se hallaba
trabajando en el campo,
un hombre muy hermoso, se le acercó.
—Mujer, dedícate a tejer cinturones y bolsos,
y verás como ganarás más dinero —le dijo—.
Podrás vestir mejor a tus hijos
y tendrás más tiempo para ellos.
—Es que no tengo lana ni dinero para comprarla
—le contestó Amanda.

Entonces el desconocido le entregó ovillos de lana
de maravillosos colores.
—Gracias —le respondió ella—
¿Eres Tepozton, verdad?

Tepozton era el dios
que llevaba felicidad a los pobres.
Alguien tan bello y tan bueno
tenía que ser un dios.
—Si —dijo él—. Yo soy Tepozton.
Cuídate y cuida a tus hijos.

Amanda comenzó a tejer.
Durante un tiempo ella y sus hijos vivieron mejor.
Pero siempre repetía:
—¡Si viviera mi marido!

Una mañana en que decía esto con mucha tristeza,
vio que entraba en la casa un gran toro negro.

Era el buen Paco que que había escapado.
Amanda lo escondió pues lo perseguían
para matarlo.
Lo abrazó y besó, y el toro volvió a ser un hombre,
su querido Paco, que le contó
todo lo que había sufrido.
Pero al sonar las campanas de la iglesia,
volvió a convertirse en toro
Antes de partir, le dijo a su esposa:

—Amanda, en pocos días
habrá una **corrida de toros.**
Yo seré uno de los que van a **lidiar.**
Al mejor **torero** le darán mucho dinero de premio.
Y le pidió que cuando él saliera al **ruedo,** ella,
con una capa roja, bajase a torearlo
para ganar el premio.
El día de la corrida,
Amanda fue como le había pedido su esposo.
Lo reconoció en seguida. Era el toro más **bravo.**

Cuando bajó al ruedo con su capa,
todos pensaron que estaba loca.
Pero pudo torear largo rato.
Los espectadores estaban entusiasmados.
Finalmente mató al toro y ganó el gran premio.

Ella y sus hijos vivían bien,
pero no podían olvidar al buen padre y marido
que lo había dado todo por ellos.

Tepozton le contó lo sucedido a un muchacho,
noble y valiente.
Éste decidió castigar al mal cura
y fue a buscarle a la iglesia.
Le encontró en el campanario.
El cura intentó echarle,
y comenzaron a pelear.

El muchacho lo empujó,
y el cura cayó por el hueco de la escalera.
Al chocar contra el suelo,
se convirtió en humo negro y desapareció.
Todos los que había convertido en animales
volvieron a ser personas.
Paco y Amanda volvieron a ser felices
y el joven siempre fue su mejor amigo.
Nunca olvidaron la ayuda de Tepozton.

El callejón del muerto

Hacia el año 1600 muchas personas
llegaban a América procedentes de España.
Deseaban vivir aventuras, ganar dinero
y conocer el nuevo mundo.

Uno de ellos se llamaba don Tristán de Alzúcer.
Llegó a Nueva España,
nombre que entonces daban a México,
y se fue a vivir a la capital
Allí instaló su negocio.
Su hijo, también llamado Tristán, le ayudaba.
Era un joven alegre y bondadoso.

Don Tristán ganaba mucho dinero con su negocio.
Tenía un amigo y consejero
al que apreciaba mucho. Era el **Arzobispo**.
Éste lo visitaba cada día.
Don Tristán le hablaba a menudo de su país,
y también comentaban las noticias
y los sucesos del día.
Muchas veces, después de una sabrosa comida
y de un buen vino, jugaban una partida de ajedrez.
Contento con su negocio,
don Tristán decidió ampliarlo.
Envió a su hijo a viajar por el país,
en busca de nuevos productos y mercancías.
Un día, mientras estaba de viaje,
el muchacho enfermó gravemente.

Tenía una fiebre tan alta
que creyeron que iba a morir.
No podían moverlo para llevarlo a su casa.
Las medicinas no conseguían curarle.
Sólo un milagro podía salvarle.

Don Tristán, al saber la noticia, se desesperó.
No sabía cómo ayudar a su hijo.
Se arrodilló frente a la imagen de la Virgen
y prometió que, si su hijo sanaba,
iría caminando hasta el **santuario**,
situado en una colina.

Unas semanas más tarde, el joven volvía a casa,
todavía débil y pálido, pero curado.
Su padre lo abrazó feliz.
Todo volvió a ser como antes.
El negocio cada día les daba más dinero.
Pronto el hijo tuvo por novia a una bella joven.
Pasó el tiempo y don Tristán olvidó
lo que había prometido a la Virgen.

Pero una noche, recordó de pronto su promesa.
Tuvo **remordimientos** por no haberla cumplido,
y pensó que quizá era demasiado tarde
para hacerlo.
Como dudaba, decidió consultar al Arzobispo.

Tomó un par de botellas del mejor vino
y fue a visitarlo.
—¿Estaré en falta por lo que hice? —le preguntó
luego de explicarle el caso.
—Si ya has dado las gracias a la Virgen
por la salud de tu hijo —le contestó el Arzobispo—
pienso que no es necesario cumplir tu promesa.

Don Tristán se marchó muy tranquilo.
Volvió al trabajo y se olvidó de todo.

Un día, muy temprano,
el Arzobispo caminaba hacia la iglesia,
cuando se encontró con su amigo.
Don Tristán estaba muy pálido.
Iba envuelto en una ropa blanca
y llevaba una vela encendida en la mano derecha.

—¿A dónde vas a estas horas amigo Tristán?
—le preguntó el Arzobispo.
—A cumplir la promesa hecha a la Virgen
—respondió éste con una voz muy extraña.
Y siguió andando, sin decir nada más.

El Arzobispo quedó muy asombrado.
Aquella misma noche decidió visitar a Tristán.
Quería saber por qué había decidido
cumplir la promesa.

Al llegar a la casa encontró al hijo llorando
y a su amigo muerto.
En cada esquina de la cama
había una vela encendida.
Él estaba vestido de blanco,
y en su mano apretaba la misma vela
que llevaba por la mañana.

—Mi padre murió al amanecer,
diciendo que debía cumplir no sé que promesa
que le había hecho a la Virgen —le contó el hijo
entre lágrimas.

El Arzobispo comprendió que, aquella mañana,
cuando lo encontró caminando por la calle.
don Tristán ya estaba muerto.
Se entristeció y se sintió culpable por haberle
aconsejado que no cumpliera su promesa.

Pasaron muchos años.
El joven se casó y se fue a vivir a otra ciudad.
Pero durante muchísimo tiempo,
el alma de su padre continuó apareciendo,
con la vela en la mano, por aquella misma calle.
Por eso la gente llamó a la calle:
el **callejón** del muerto.

El fantasma de la monja

Después de la conquista de América,
los españoles llamaron a México «Nueva España».
En la capital de Nueva España
construyeron un convento.
Se alojaron en él muchas monjas,
hijas y familiares de los conquistadores.
Una de ellas fue doña María de Alvarado.
Era una mujer muy guapa,
que tenía muchos pretendientes.
Su familia era muy rica y noble.

Pero María se había enamorado de un joven pobre,
conocido por ser peleador y mentiroso.
Se llamaba Arrutia.
María le amaba y deseaba casarse con él.
Los hermanos de la muchacha querían impedirlo,
porque sabían que, en realidad,
Arrutia sólo quería casarse con ella por su dinero.
—Nada podréis hacer.
Ella me ama y será mi esposa
—les dijo él a los hermanos, en tono de burla—.

Los hermanos, viendo que no la convencerían,
ofrecieron a Arrutia una gran cantidad de dinero
para que se marchara.
Este aceptó y se fue sin siquiera despedirse de ella.
No le importaba el dolor
que le iba a causar a María.

Pasaron dos años.

La desdichada joven seguía llorando y sufriendo.

Sus hermanos le aseguraron

que Arrutia había muerto.

Le dijeron que lo mejor para ella era hacerse monja

y entrar en el convento.

Tanta era la tristeza de María

que ya no tenía voluntad.

Siguió el consejo de sus hermanos

y entró en el convento.

Pero no consiguió olvidar a su amor.
En la soledad de su cuarto pensaba en él,
en sus palabras de amor
y en su promesa de matrimonio.
Todas sus oraciones eran para él,
para que su alma encontrase paz,
ya que lo creía muerto.

Pero las noticias también llegaban
a aquel lugar cerrado.
María supo que su amado había recibido dinero
a cambio de alejarse de ella.
También se enteró de que había vuelto
para pedir más dinero a sus hermanos.
Estaba vivo y la había traicionado.
No pudo soportar tanto dolor.

Cogió un cordón fuerte, pidió perdón ante la Cruz,
y se dirigió a la huerta, al lado de una fuente.
Crecía allí un melocotonero en flor.
Ató la cuerda a una rama alta y se ahorcó.
Su cuerpo blanco y ligero quedó colgando,
movido por el viento.
Al día siguiente,
una de las monjas la encontró muerta.

Fue enterrada en el interior del convento.
El melocotonero dejó de florecer.

Al mes siguiente, una de las monjas vio,
en las aguas de la fuente,
el reflejo del cuerpo de la ahorcada.
Y todas las demás monjas pudieron verla,
día tras día,
cuando el sol del atardecer se ocultaba
y comenzaban las primeras sombras.

Cuando su amado murió, de forma violenta,
tal como había vivido, dejó de aparecer.
Desde entonces,
el melocotonero volvió a cubrirse de flores.
Al amanecer están siempre húmedas,
como mojadas por lágrimas.

La calle de la Quemada

Muchas calles, puentes y pasajes de México
llevan el nombre de sucesos
que ocurrieron en ellos.
Es el caso de la Calle de la Quemada.

En el año 1575, vivía en una lujosa casa
don Gonzalo Espinosa de Guevara,
con su hija Beatriz.
Ambos eran españoles.
El caballero tenía una gran fortuna.
Su hija era muy hermosa; su piel era tan blanca
que parecía de nieve.
Tenía los ojos verdes y una larga cabellera rubia
caía sobre su delicada espalda. Era muy bondadosa.
Le gustaba cuidar a los enfermos
y ayudar a los humildes.
Con tantas cualidades y tan inmensa fortuna,
eran muchos los caballeros y los nobles jóvenes
que querían casarse con ella.

Un día llegó Don Martín, un marqués italiano.
Era muy atractivo, y se enamoró locamente de ella.
Don Martín se paraba en la mitad de la calle
donde vivía Beatriz, y sacaba su espada
para pelear con los hombres
que quisieran acercarse a la casa de su amada.
Al amanecer siempre había, cerca de la casa,
algún caballero al que el marqués había matado.

Doña Beatriz también se había enamorado de él,
por su buena figura, por las frases de amor
que le escribía, y por las tiernas palabras
que le decía.
Pero al enterarse de los celos de su amado
y de cuantos caballeros habían muerto por amarla,
sintió una gran angustia y un dolor
que le impedían dormir.

Una noche, mientras rezaba a Santa Lucía,
pensó que debía seguir el ejemplo de aquella santa,
que se había sacado los ojos
para desanimar a sus pretendientes.
Don Martín debía dejar de amarla,
así terminarían aquellas luchas y muertes.
Y tomó una decisión terrible.
Al día siguiente fue a la iglesia.
Dio órdenes para que todos los viernes
distribuyeran medicamentos y comida a los pobres,
y volvió a su casa.

Cuando su padre salió, llevó a su cuarto un **brasero**,
colocó carbón y lo encendió.
El calor pronto se hizo intenso.
Beatriz rezó entonces nuevamente a Santa Lucía.
Le pidió fuerza, y apoyó su hermoso rostro
sobre el brasero.
El dolor le hizo lanzar un grito espantoso
y cayó desmayada junto a su cama.

En ese momento pasaba por allí un buen fraile.
Al escuchar el grito entró corriendo en la casa
para ver que sucedía.
Encontró a Beatriz en el suelo.
La levantó con cuidado
y le colocó hierbas curativas en el rostro quemado.
Luego le preguntó que había pasado.
Doña Beatriz nunca mentía.

Le contó llorando porqué había hecho aquello.
Con el rostro ahora horrible por las quemaduras,
Don Martín dejaría de amarla
y las muertes en su calle terminarían.

El religioso fue a buscar a Don Martín.
Le contó lo sucedido.
Él también creyó que el italiano se iría
al enterarse de algo tan espantoso.
Pero no fue así.
El caballero corrió hasta la casa de Beatriz.
La encontró sentada y con un velo negro
que cubría su rostro.
Con mucha suavidad se lo levantó
Su blanca y hermosa cara estaba desfigurada.

Don Martín se arrodilló ante ella y le dijo:
—Beatriz, yo no os amo por vuestra belleza física
sino porque sois buena y noble.
Quiero pedirte que seas mi esposa.

Ambos se tomaron las manos
y estuvieron llorando durante largo rato.

La boda se celebró un tiempo después.
Fue la más espléndida de aquellos años.
Beatriz llevaba un traje de novia
bordado en perlas y diamantes,
pero su rostro estaba cubierto por gasas y sedas.

Después de casarse, siempre que iba a misa,
cubría su cara con un largo velo negro.

A partir de estos hechos.
la calle se llamó Calle de la Quemada,
tal como los vecinos nombraban a Beatriz.

El zorro y el lobo

En una cueva cerca del río,
vivía una zorra con su hijo.
La cueva estaba bien escondida,
y protegida del viento y la lluvia.
Era un buen lugar para vivir.
Allí el hermoso zorrito estaba seguro.

Pero la comida se había terminado
y la zorra tenía que salir a cazar.
Era peligroso dejar solo al pequeño zorro,
ya que muchos animales podrían tratar de matarlo.
La zorra temía sobre todo al lobo.
Los lobos y los zorros siempre han sido enemigos.

—El lobo —le decía a su hijito— es malvado.
Aléjate siempre de él.
Afuera hay muchos peligros hijo,
pero el más grande es el lobo.
Cuando yo salga quédate en casa.
Pronto podré llevarte conmigo
para enseñarte a cazar; pero aún eres pequeño.

El zorrito la escuchaba
aunque deseaba salir a conocer mundo.
—Madre —le preguntaba—
¿es que hay animales malos?
—Claro que sí. Por eso no debes salir.

Y diciendo esto se fue a cazar.
Trajo una gallina y le enseñó al zorrito
cómo matarla para comerla.
—Escucha hijo, esto que hicimos con la gallina
es lo que hará el lobo contigo si te encuentra.

Al día siguiente, llevó al pequeño al bosque
para empezar a enseñarle cómo moverse en él.
Le enseñó a andar en silencio
para que nadie lo oyese y a nadar en el río.
Estaban por irse cuando vieron a lo lejos
un gran animal.
—¿Ves? —dijo la madre— ese es el lobo.

Durante varios días
la zorra siguió enseñando a su hijo
los secretos del bosque y de la caza.
Una mañana partió sola,
pidiéndole al pequeño que no saliera.

El zorrito comenzó a aburrirse.
El sol calentaba la hierba fuera de la cueva.
Los pájaros cantaban alegres.
Él tenía deseos de correr y jugar.
Salió de su cueva y se alejó muy contento
hasta llegar al bosque.
Y allí vio al lobo.
¡Qué grande era!
El zorrito sintió mucho miedo.

Pero luego pensó:

—No me parece tan malo.

Seguro que es una idea de mamá.

¡Es que las madres, vamos, son tan exageradas!

Y muy tranquilo se acercó al lobo.

—Buenos días, amigo lobo —le dijo.

—Buenos días zorrito —le contestó el lobo—

¿Qué andas haciendo por aquí?

—Estaba paseando.

—Pues yo descansaba debajo de este árbol

—comentó el lobo— pero si quieres,

puedo llevarte a conocer el bosque.

Te enseñaré donde viven los hombres,

pero no nos acercaremos porque son malvados.

—¿De verdad quieres ser mi amigo?

—le preguntó el zorrito muy emocionado—

¡ay, pero que tonta es mi madre!

—¿Por qué dices eso? —preguntó el lobo.

—Ella cree que vas a matarme

en cuanto me descuide.

—Ja, ja, ja, nada de eso.

Mira, para demostrarte que soy tu amigo,

te llevaré a mi cueva y te mostraré una escopeta.

La robé a un hombre. Con ella te enseñaré a cazar.

El pequeño zorro estaba muy feliz.
El lobo, aguantando la risa,
pensó que se divertiría un rato antes de comérselo.
Cuando el zorro entró en la cueva,
un perro que pasaba por allí vio al zorrito y le dijo:
—¡Pero qué haces! Corre mientras puedas salvarte.
—El lobo es mi amigo.
—Sí, sí, amigo. No seas tonto y escucha mi consejo.
Corre como lo haré yo
antes que esta fiera acabe con nosotros.
Y echó a correr a gran velocidad.

El pequeño zorro comprendió
que el perro decía la verdad.

Pero ya el lobo salía con la escopeta
y no podía escapar.
—Aquí estoy amigo —dijo el lobo—.
Coge la escopeta y ve si puedes cazar un mosquito.
— Bueno —contestó el zorrito,
mientras intentaba inventar algo para salvarse—,
primero practicaré con los mosquitos
y luego con algún animal grande ¿te parece?
—Muy bien —dijo el lobo,
casi sin poder aguantar la risa—.
Verás qué sorpresa se llevará tu madre
cuando vea lo que has aprendido.
Y le enseñó a manejar la escopeta.

Pero el pequeño era astuto como todos los zorros
y no se dejó engañar esta vez.
—Dispararé a ese mosquito
que está encima del buey.
El lobo no podía ni moverse,
para que no se le escapara la carcajada.

El zorro apuntó y disparó.
—Le he dado. Le he dado —dijo saltando
de alegría—. Venga amigo, vamos a ver
al mosquito muerto.

El lobo, ya riendo a más no poder,
lo siguió hasta donde estaba el buey.

—Amigo buey —preguntó el zorrito—
¿no has visto caer muerto de un balazo
a un mosquito?
El buey los miró con desconfianza
y pensó que lo mejor era darles la razón.
— Sí —dijo— he visto al mosquito caer muerto.
Me lo comí con un poco de hierba.

El lobo, ya cansado de esperar,
decidió comerse de una vez al pequeño zorro.
Pero éste, que correteaba cerca del buey le gritó:
—Estate quieto que tienes un mosquito en el lomo.
Y apuntando al lobo, disparó de inmediato.

El lobo, sorprendido, dió un salto y salió corriendo
con la pata atravesada de un balazo.

Cuando el zorrito llegó hasta su cueva,
le mostró a su madre la escopeta
y le narró lo sucedido.
—De ahora en adelante ya puedes salir solo
—le dijo la zorra—.
Has demostrado tener el valor y la inteligencia
que necesita tener un zorro
para luchar contra el peligro.

El Cristo de madera

Hace ya muchos años, en la ciudad de México
se edificó un convento.
Lo habían hecho construir tres mujeres,
muy ricas y religiosas.

Al lado del convento
estaba el templo de Santa Catalina.
El templo estaba adornado por **vitrales** de colores,
y tenía numerosas estatuas de santos.
Pero una de ellas representaba a un Cristo
que arrastraba la cruz.
Era una estatua de madera.
El Cristo tenía la mirada triste.
Su corona de espinas era tan real
que parecía clavarse en la carne.
Daba pena verlo, con su cruz inmensa
y su cuerpo flaco y lastimado.

Por ese triste aspecto, Severa,
una monja del convento,
siempre se detenía a rezarle.
Era una monja silenciosa y buena.
Dedicaba su vida a servir a los demás.
Pero sólo se sentía bien al lado de este Cristo,
inclinado por el peso de su cruz.
Al ver su sufrimiento deseaba protegerlo
y ser cada día mejor.

Pasaron los años y a medida que envejecía,
Severa dedicaba cada vez más tiempo a rezarle.

Estaba vieja y cansada.
Su único consuelo eran los momentos
que podía quedarse en el templo.

Un día enfermó y ya no pudo levantarse de su lecho.
Temblaba de fiebre.
—Jesús —dijo en voz tan baja
que casi no podía oírse—
¡Cristo mío! déjame que cubra tu cuerpo
para que no sufras frío.
Ven mi señor, que yo ya no puedo andar
y te necesito a mi lado.
La lluvia y el viento entraban en la habitación
a través de una ventana rota.

La noche era oscura y helada.
Entonces pasó algo extraño.
Alguien golpeó a la puerta de la habitación.
—¿Quién llama? —preguntó Severa.
Nadie contestó.

Con un esfuerzo tremendo se levantó
y abrió la puerta.
Al hacerlo se encontró frente a un mendigo.
El hombre estaba casi desnudo
y pedía por favor un poco de pan y abrigo.
La monja tomó un trozo de pan, lo mojó en aceite
añadió algo de queso y se lo dio al mendigo.
Luego fue hasta su ropero.
Sacó un mantón de lana
y le cubrió el cuerpo tembloroso.
Cuando terminó de hacer esto, suspiró y murió.

Al día siguiente hallaron su cuerpo.
Su viejo rostro parecía más joven
por la sonrisa que tenía en los labios.
Su cuerpo olía a rosas.
Y allá en el templo de Santa Catalina,
el mantón de lana de la monja
cubría la figura del Cristo.

Se consideró un milagro.
La cruz del Cristo seguía siendo grande y pesada,
pero los ojos de madera ya no parecían tristes.

Vocabulario

Arzobispo: sacerdote cristiano que tiene un alto cargo en la Iglesia.

Brasero: pieza de metal, honda y circular, donde se colocan carbones encendidos para calentar una habitación.

Bravo: feroz, salvaje.

Callejón: paso estrecho y largo entre casas.

Canasta: cesto de mimbre.

Corrida de toros: fiesta muy antigua que consiste en que una persona se enfrente a un toro en un lugar circular y cerrado, realizando una serie de acciones que acaban con la muerte del animal.

Fraile: nombre que se da a los religiosos de ciertas órdenes, en la Iglesia católica.

Hechicera: persona que practica la magia.

Lidiar: conjunto de acciones que se practican con el toro durante la corrida.

Manjares: comidas muy bien elaboradas.

Remordimientos: tristeza que queda después de cometer alguna mala acción.

Repugnantes: que producen asco.

Ritos: conjunto de reglas establecidas para una ceremonia religiosa.

Ruedo: redondel de la plaza de toros.

Santuario: templo consagrado a la imagen de la Virgen o a un santo.

Torero: persona que por oficio o afición enfrenta al toro en el ruedo.

Vitrales: vidrieras de colores.

Zapotecas: pueblo indio que desarrolló una cultura muy importante de la que quedan restos, como grandes pirámides y palacios. Habitaban los valles de Oaxaca (México).